Este título incluido en **Nuestros Ilustres** —la serie de biografías de destacados personajes de los ámbitos de la ciencia, la cultura y la historia— pretende servir de soporte cultural y educativo, así como de **apoyo extracurricular a diversas asignaturas**, con el objetivo de promover el conocimiento, la investigación, la innovación, el talento y la divulgación. Cada título aproxima a los niños a un personaje cuya trayectoria ha contribuido significativamente al desarrollo y a la calidad de vida de nuestra sociedad.

Guía de lectura:
¿Deseas saber más sobre Mercé Rodoreda y su época?

 Citas de Mercè Rodoreda.

 Información más detallada.

Textos
Flor Braier

Ilustraciones
Rosa Álamo

Dirección de la colección
Eva Moll de Alba

© Vegueta Ediciones
Roger de Llúria, 82, principal 1º
08009 Barcelona
www.veguetaediciones.com
🅞 vegueta_infantil

Primera edición: junio 2024
ISBN: 978-84-18449-17-8
Depósito Legal: B 6183-2024
Impreso y encuadernado en España

Mercè Rodoreda

El jardín de todos los jardines

Flor Braier
Rosa Álamo

Vegueta Infantil

Mercè Rodoreda se rodeaba siempre de flores. Le gustaba plantarlas, verlas crecer, regarlas y conocer sus nombres. Pero, sobre todo, le gustaba ponerlas en todos sus libros. La obra literaria de Rodoreda es un jardín de palabras y plantas misteriosas, de colores brillantes, de historias de amor y también de guerra y desencanto, de mujeres frágiles e imbatibles a la vez, como las flores que la escritora cuidaba con tanta dedicación.

La pasión de Rodoreda por el mundo vegetal empezó muy pronto. Cuando tenía cinco o seis años, vio un crisantemo en el jardín de la señora Borràs, su vecina de la infancia, y se quedó hipnotizada, como si contemplara un milagro. Era la flor más bonita que había visto en su vida.

Dio muchas vueltas alrededor de aquel crisantemo, reluciente y amarillo como el sol del mediodía. No sabía si llevárselo o no, pero ante tanta belleza, las manos le volaron como golondrinas. Cortó la flor y se la escondió dentro del delantal.

Con esta pequeña aventura empezó su historia de amor con las flores; las de verdad y las que fue capaz de inventar con su imaginación tan fértil y frondosa.

«Conocía todas las torres bonitas, los jardines pulcros y cargados de flores que yo seguía de la mano de mi abuelo, y lo que más me quedó en la memoria a través del tiempo han sido las mañanas de marzo y abril con las acacias florecidas».

Mercè Rodoreda, *Autorretrato*

Una vida dedicada al arte

Mercè Rodoreda escribió novelas, cuentos, poemas, obras de teatro y artículos periodísticos. También trabajó como traductora y pintó un centenar y medio de cuadros.

Mercè Rodoreda nació el 10 de octubre de 1908 en Barcelona. Fue hija única de una familia del barrio de Sant Gervasi de Cassoles. La torre donde vivía con su abuelo y sus padres parecía una especie de casita encantada, rodeada por un jardín. Estaba llena de muebles antiguos y objetos extravagantes que Pere Gurguí, el abuelo de Rodoreda, había llevado de su tienda de antigüedades que estaba ubicada en el barrio gótico.

Rodoreda decía que su ocupación preferida, desde pequeña, era mirar. Y dentro de su casa, con todos los tesoros del abuelo, tenía un montón de cosas bonitas y extrañas para deleitarse. El jardín también era un mundo aparte, donde alimentaba la mirada con flores de todos los tamaños y colores.

Mercè tenía una voz aguda y temblorosa, de flauta traversa, que conservaría toda la vida, como un instrumento musical frágil y desafinado. Era una niña muy arisca y desconfiada, que vivía aislada de todo, excepto de su abuelo, con quien compartía un vínculo muy especial porque le transmitió su pasión por las plantas y por las letras. Pero, sobre todo, a Rodoreda no le gustaba que las visitas se llevaran las flores de su pequeño paraíso vegetal.

«En el jardín había una higuera. Una higuera que apenas sabía, cuando nos trepábamos, qué era en realidad. Era barco, era caballo, era fortín, era avión, era dirigible, era coche de carreras, era trapecio de circo, era...».

Mercè Rodoreda, *Autorretrato*

Sant Gervasi de Cassoles

En aquel entonces no era un barrio lleno de edificios, coches y avenidas, tal y como lo conocemos hoy en día, sino que estaba en las afueras de la ciudad, con calles silenciosas donde todo el mundo se saludaba y se conocía. La ciudad de Barcelona tenía, entonces, seiscientos mil habitantes y en las laderas de Collserola aún pastaban rebaños de cabras.

El abuelo de Mercè Rodoreda era un gran aficionado a la literatura. Organizaba los Juegos Florales del barrio y era amigo de Jacint Verdaguer. Era tanta la admiración que tenía por este poeta que construyó un monumento en su honor en el jardín. Estaba hecho a base de piedras con ramos de tomillo y lavanda, y tenía un estanque con nenúfares y ranas que cantaban anunciando la llegada del verano.

Este monumento vegetal, coronado con el busto del poeta, era un refugio de plantas, animalillos y una cinta de cemento con los títulos de los poemas de Verdaguer grabados. Cuando Rodoreda tenía tres años, el abuelo le tomó una fotografía al lado de este montecito. Iba vestida de ninfa, rodeada de flores y con una peluca de tirabuzones.

El señor Gurguí le había hecho prometer que nunca tendría miedo de estar sola porque, cuando él ya no estuviera, habría un ángel que la cuidaría. Y después de perder a su abuelo, a veces, paseando entre las flores, ella sentía que era verdad, que iba acompañada de su ángel de la guarda.

«Sin que yo sintiera que me cogía de la mano, sabía que a veces me llevaba cogida de la mano. Este soplido de viento entre las hojas, pensaba, lo hacen las alas del ángel. Una presencia».

Mercè Rodoreda, *Espejo roto*

Jacint Verdaguer
(Folgarolas, 1845 – Vallvidrera, 1902)

Fue un poeta romántico y una figura fundamental de la *Renaixença*, ligado a la generación de la Restauración de 1874. Está considerado el fundador de la literatura catalana moderna. En su obra, traducida a varios idiomas, destacan *La Atlántida*, *Canigó* y *En defensa propia*.

La sensibilidad por los mundos naturales le permitió construir un refugio a través de la escritura, con una atención muy especial para capturar los detalles: el vuelo de un cuervo, el canto de un ruiseñor o el ir y venir de las abejas entre glicinas florecidas. Mercè era autodidacta. A través de la lectura, la escritura y la observación aprendió todo lo que sabía.

A los siete años empezó a estudiar, pero solo fue a clase durante tres cursos. Cuando el abuelo de Rodoreda se enfermó, la sacaron de la escuela; querían que ayudara en casa. Además, Montserrat Gurguí, la madre, no creía demasiado en la educación de las niñas. Pero Mercè, por suerte, no le hizo caso, y en su juventud continuó con su camino autodidacta.

Como no sabía escribir en catalán, estudió toda la gramática y el diccionario de Pompeu Fabra, y se convirtió en la escritora más traducida de la literatura catalana.

«Recuerdo las tardes de verano en el jardín perfumado por las gardenias y por dos jazmines que la hiedra se llevaba por arriba de la pared de ladrillos, alta de dos pisos, de la casa vecina».

Mercè Rodoreda, *Autorretrato*

Pompeu Fabra i Poch
(Barcelona, 1868 – Prada, 1948)

Fue el filólogo catalán que estableció la normativa moderna de la lengua catalana: una ortografía unificada, una gramática, con las normas básicas de morfología y sintaxis, y un diccionario que recogía las palabras de uso más general.

Mercè Rodoreda fue madre y se casó prematuramente, pero se decepcionó muy rápido y dejó atrás la vida familiar. Durante los años treinta publicó sus primeras novelas y escribía en los periódicos más importantes de la ciudad—*La Revista*, *La veu de Catalunya* y *Mirador*—, aunque no fue hasta 1937, cuando ganó el premio Crexells, que obtuvo más reconocimiento.

Un año antes de que Rodoreda ganara el premio Crexells, había comenzado la Guerra Civil Española. Ante el avance inexorable de las tropas franquistas en Cataluña, Mercè abandonó Barcelona en un bibliobús de la Institució de les Lletres Catalanes que servía para llevar libros al frente durante la guerra.

«En lo alto de una pared muy vieja había un manto de musgo, y en mitad de la calle, en un hoyo lleno de agua, se veía un trozo de cielo con una nube blanca. Más allá, junto a la casa nueva, las ramas del sauce apenas se movían».

Mercè Rodoreda, *Aloma*

Sus primeras novelas

Mercè Rodoreda desestimó sus primeras obras porque las consideraba fruto de su inexperiencia. Entre ellas estaban *¿Soy una mujer honrada?*, *De lo que no podemos huir*, *Un día en la vida de un hombre* y *Crimen*.

La Guerra Civil Española (1936 - 1939)

Fue un conflicto bélico que enfrentó al gobierno de la Segunda República Española contra una parte del ejército y de las organizaciones de derechas. Culminó cuando Francisco Franco declaró la victoria del ejército sublevado y estableció una dictadura.

Su gran amiga del exilio fue Anna Murià, que también era periodista y escritora. Se habían conocido en 1936, en la Institució de les Lletres Catalanes y se encontraron en Girona, cuando Rodoreda llegó con el bibliobús que iba hacia la frontera francesa.

El 3 de abril de 1939, Mercè y Anna llegaron a Roissy-en-Brie, un pequeño pueblo a 25 kilómetros de París. El *château* donde se hospedaron estaba rodeado de avellanos salvajes y flores silvestres, allí convivieron muchos exiliados.

Aunque el parque del castillo de Roissy-en-Brie lo había diseñado un paisajista famoso, no estaba nada domesticado, y crecían libremente las hierbas y las flores boscanas como las violetas y las margaritas.

Allí Anna y Mercè compartieron una habitación grande con dos camas y se hicieron amigas íntimas. Y, además, de forma inesperada, en aquel lugar Rodoreda se enamoró del periodista, crítico literario y poeta Armand Obiols, quien fue su pareja durante muchos años.

Cuando estalló la Segunda Guerra Mundial, algunos intelectuales de Roissy, como Anna Murià, se fueron a América Latina. En cambio, Rodoreda y Obiols se quedaron en Francia. Pero, con la entrada de los nazis a París en junio de 1940, tuvieron que poner sus pertenencias en un carrito de bebé y huyeron de la ciudad.

«Sé que, tanto si nos encontramos en dos años o en diez, nuestra amistad será tan sabrosamente fresca y tan increíblemente fuerte como cuando corrías por el parque una noche sin estrellas para advertirnos de que se acababa de desatar una tormenta».

Mercè Rodoreda, *Cartas a Anna Murià*

Catalanes en el exilio

La Fundación Ramón Llull creó un centro de ayuda para intelectuales catalanes refugiados en Francia. Uno de los lugares donde se instalaron algunos escritores de Cataluña fue en Roissy-en-Brie.

Caminaron durante días y noches. Primero, se refugiaron en un tren lleno de soldados en retirada. Al ver que casi no se movía, lo abandonaron y alcanzaron otro tren, cargado de aviones, que tampoco se movía. Aún probaron suerte con un tercero, pero estaba cargado de explosivos y lo bombardearon. Continuaron la huida a pie. Se iban deshaciendo del equipaje, atravesando pueblos en ruinas y ciudades que ardían por los cuatro costados. Finalmente consiguieron instalarse en Limoges y se quedaron allí durante un año. Luego se fueron a Burdeos, donde Rodoreda sobrevivía cosiendo camisas y combinaciones. Por su parte, Obiols consiguió diversos trabajos como periodista, crítico literario o traductor.

En 1946, Rodoreda y Obiols se trasladan de nuevo a París. Fueron años muy duros. Crearon una comunidad de exiliados en la que se ayudaban entre todos. Vivían en Saint Germain-des-Prés y el único aliciente de Mercè era vivir en un barrio lleno de flores.

En la capital francesa fue donde empezó a escribir versos. Y allí, el Gobierno catalán en el exilio editaba la Revista de Catalunya en la que ella hacía las tareas de edición. Mercè, siempre que podía, se escapaba al Museo del Louvre. Aprovechaba el día de la semana en el que había entrada gratuita. También le encantaba mirar los pasteles brillantes que exponían en las panaderías del barrio, aunque no siempre pudiera comprarlos.

En París, después de la guerra, no había calefacción en las casas y en invierno su ventana se helaba y colgaban estalactitas hasta el suelo.

«Ahora, cuando pienso en las hojas tiernas de los árboles transparentes a contraluz, en el sol sobre el agua, en las flores, en los pequeños insectos azules y dorados que trepan por los tallos, en los musgos blandos y húmedos, me parece un exceso inútil, oleoso, demasiado grasiento, una enfermedad tropical del mundo, del gris y de la nieve...».

Mercè Rodoreda, *Parecía de seda y otras narraciones*

**La Segunda Guerra Mundial
(1939 - 1945)**

Fue el conflicto armado internacional más devastador del siglo XX. El desencadenante fue la expansión del nazismo. Durante la guerra, los alemanes construyeron campos de exterminio con el fin de encarcelar y eliminar a millones de judíos, gitanos, homosexuales y a personas con discapacidad.

Rodoreda en París

En la capital francesa, además de la prosa que venía trabajando desde hacía años, empezó a escribir versos. La poesía le abrió un mundo creativo hasta ahora inexplorado.

Mercè Rodoreda regresó a Barcelona en 1948 por primera vez después de la guerra. El panorama la entristeció profundamente. Se encontró con una ciudad cansada y melancólica. La gente deambulaba por los barrios de la ciudad como fantasmas. En las tiendas no había prácticamente nada y los tranvías circulaban sin cristales.

Con su visita también se le desató una catarata de recuerdos: cuando era pequeña, sus padres nunca le daban permiso para bailar en las fiestas de Gràcia. El entoldado, donde tocaban las orquestas, le parecía un paraguas al revés y siempre le daban unas ganas locas de estar ahí dentro, dando vueltas al ritmo de la música. Este deseo fue el punto de partida de *La plaza del Diamante*, su obra maestra, que, justamente empieza con un baile en el entoldado, en el que se conocen la protagonista, Natalia y Quimet, un hombre autoritario y dominante que se convertirá en su marido.

Desde el exilio, después de un viaje a su ciudad natal, escribió esta novela que retrata la vida de una mujer humilde del barrio de Gràcia, que ha sido marcada por la guerra y la miseria del franquismo.

«No el tiempo de las nubes y del sol y de la lluvia ni del paso de las estrellas adorno de la noche, no el tiempo de las primaveras dentro del tiempo de las primaveras, no el tiempo de los otoños dentro del tiempo de los otoños, no el que pone las hojas a las ramas o el que las arranca, no el que riza y desriza y colora a las flores, sino el tiempo dentro de mí, el tiempo que no se ve y nos va amasando».

Mercè Rodoreda, *La plaza del Diamante*

La plaza del Diamante

Mercè Rodoreda escribió *La plaza del Diamante* en Ginebra, adonde se había mudado en 1945. Después de su publicación, Rodoreda obtuvo reconocimiento nacional e internacional y, poco a poco, se convirtió en la autora catalana más traducida de la historia.

Ginebra es una ciudad de grandes parques con árboles que crecen exuberantes y frondosos. Las ardillas, esas acróbatas del aire que se abren paso en un mapa de ramas y ramitas, se le subían por la espalda a Mercè para que les diera avellanas.

El lago Lemán, enorme y con forma de media luna, era su lugar favorito para dar paseos solitarios. Pero Rodoreda decía que, desde su estudio, echaba mucho de menos tener un jardín, convivir con las flores, y es por eso que se propuso hablar de ellas y escribir *Jardín junto al mar*, una de sus novelas más importantes en la que el protagonista es un jardinero. Como dice en el prólogo de *Espejo roto*: «Un jardinero es una persona distinta a las demás y eso es por tratar con flores».

La novela retrata la historia de una familia de Barcelona a lo largo de seis veranos en una torre cerca del mar. Entre coronillas, pulmonarias y claveles rosados, el jardinero observa atentamente todos sus movimientos; los problemas, los amigos, las fiestas y hasta la vida de los animales domésticos.

Jardín junto al mar no será el único libro sembrado de árboles y flores que escribió en esa ciudad suiza. En la novela *La calle de las Camelias*, la protagonista, Cecilia Ce, se pasea, siempre un poco perdida, entre plátanos, tilos y palmeras de la ciudad de Barcelona. Es una superviviente que se busca la vida en una ciudad hostil, de posguerra. En la historia, sin embargo, se filtra ese perfume dulce y protector de los tilos que inundan siempre, hacia finales de la primavera, las calles de la Ciudad Condal.

«Bajo los tilos me sentía como en mi propia casa».

Mercè Rodoreda, *La calle de las Camelias*

Reconocimiento literario

La calle de las Camelias ganó el premio Sant Jordi 1966. Con este galardón, sumado al éxito de *La plaza del Diamante*, por primera vez la prensa estaba pendiente de Mercè Rodoreda, que se convirtió en una figura pública.

Vida en Ginebra

Mercè Rodoreda y Armand Obiols se mudaron a Ginebra porque él consiguió trabajo como traductor para la UNESCO. Allí, Rodoreda encontró una tranquilidad económica que no tenía en París, y volvió a escribir y a publicar con regularidad. Un tiempo después, Obiols se trasladó a Viena por trabajo y Mercè se quedó en un apartamento, para ella sola, rodeado de parques y con un silencio perfecto para concebir algunas de sus obras más importantes.

Es también en Ginebra donde escribe *Flores de verdad*, que formará parte del libro *Viajes y flores*, ganador del Premio de la Ciudad de Barcelona en 1980. En este conjunto de relatos breves, la autora nos presenta flores fantásticas como la «flor saltamontes», que tiene la costumbre de arrojarse hacia las personas, o la «flor roja», a la que le sale una gota de sangre negra en cada pétalo, plana y dura como la semilla de una sandía. De todo lo que escribió Rodoreda, este era el libro que más le gustaba. Una vez dijo que si hubiera tenido que salvar una obra suya de un incendio, sin duda, habría sido esta.

Mercè Rodoreda siempre recordaba los tesoros vegetales que se abrían ante sus ojos cuando se movía entre diferentes lugares y paisajes. Antes del exilio, durante la Guerra Civil Española, viajó a Praga para participar en un congreso del PEN Club. De aquellos días le quedó, sobre todo, el recuerdo del jardín del palacio Czernin: el color de unas violetas que se puso en el pelo durante una fiesta mientras sonaba, lejana, una música de fondo.

Incluso cuando visitaba cementerios se fijaba en las flores, y el de la capital checa no fue una excepción. Del antiguo cementerio judío, escribió sobre las flores de saúco, mezcladas con las ramas perfumadas y llenas de flores blancas de la celinda.

«Me ha quedado de Praga el recuerdo de unos jardines maravillosos donde las rosas se abrían a puñados».

Mercè Rodoreda, *Autorretrato*

PEN Club

Es una asociación internacional que promueve la literatura y defiende la libertad de expresión.

Todo lo que vuela, camina o se arrastra cerca de las flores también despertaba la curiosidad inmediata de Mercè Rodoreda. Por ejemplo, las abejas, fundamentales para el equilibrio ecológico del planeta, zumban, danzan y suenan entre las letras de la escritora.

Estas polinizadoras salen de la colmena y se zambullen en un enorme océano de flores. Nadan en una fiesta dulce y se comunican entre ellas, a veces con vibraciones inaudibles para nuestros oídos. A través de su lenguaje secreto, se pasan las noticias: dónde están las flores amarillas y perfumadas de la retama o dónde pueden encontrarse las florecitas blancas del laurel salvaje para hacer barra libre de néctar.

En *La muerte y la primavera*, las abejas tienen un lugar muy especial. Estos insectos, que van de flor en flor, son portadores de un mensaje importante en la novela. En la simbología ancestral, se considera que las abejas son vehículos de almas entre mundos y, en este libro, Rodoreda las hace aparecer como representación de la muerte y el renacimiento.

«En cuanto dejé atrás los establos y la cerca de los caballos me di cuenta de que me perseguía una abeja junto con el hedor del estiércol y el aroma a miel de las glicinas que ya habían empezado a florecer».

Mercè Rodoreda, *La muerte y la primavera*

La muerte y la primavera

Rodoreda empezó a escribir esta obra en 1960 en Ginebra, cuando su pareja, Armand Obiols, se trasladó a Viena. Vivía sola y trabajaba intensamente. En ese momento, rodeada de parques y silencio, llegó a escribir hasta cuatro novelas al mismo tiempo.

Cómplices literarios

Obiols fue convirtiéndose, progresivamente, en un cómplice literario para Mercè. No hay una fecha precisa de la separación con Mercè Rodoreda porque, de hecho, ni siquiera fueron una pareja «formal».

No es solo en el pueblo misterioso de la obra *La muerte y la primavera*, donde el viento empuja a la gente montaña arriba y montaña abajo, donde aparecen las abejas; como buenas mensajeras de las flores, esta horda voladora acompañará a la autora toda la vida. En el libro *Agonía de luz* podemos leer: «Aún vencida, quiero ser yo misma, abeja furiosa de su miel». Se trata de un libro de poesía escrito en París, en 1948.

Su fascinación por los mundos vegetales y por los insectos sociales (aquellos que forman colonias y que cuidan a sus crías de forma cooperativa) era tan grande que llegó a traducir, ella misma, un fragmento de *La vida de las abejas* de Maurice Maeterlinck.

Rodoreda consideraba que el amor era la más universal, las más formidable y la más misteriosa de las energías cósmicas. Decía que era muy cambiante, que podía pasar de ser un éxtasis a ser una trampa y que puede llegar a conducir a la más profunda tristeza. Eso sí, en materia de amor, lo que aseguraba era que el de las abejas era el único que no cambiaba nunca.

Maurice Maeterlinck
(Gante, 1919 – Niza, 1949)

Fue un ensayista, dramaturgo y poeta belga. Entre sus ensayos de carácter científico y divulgativo, podemos encontrar: *La vida de las abejas*, *La vida de las termitas*, *La vida de las hormigas* y *La inteligencia de las flores*.

La poetisa

Los primeros poemas de Rodoreda se publicaron en revistas literarias como la *Revista de Catalunya*, *La Nostra Revista*, *La Humanitat*, *Els Marges* y *Pont Blau*. Un tiempo después, se editaron reunidos, acompañados de las pinturas que la propia autora concibió mientras escribía estos versos.

El Empordà es una comarca de Cataluña donde los vientos soplan con mucha intensidad. En Romanyà de la Selva, un pueblo mágico del territorio ampordanés, Mercè Rodoreda encontró su lugar en el mundo y, después de una vida de movimientos constantes, decidió no moverse más. Estaba en su paraíso: plantaba árboles, regaba sus flores cada día y tenía a su amiga Carme Manrubia al lado, con quien compartió los últimos años de su vida.

Rodoreda escribía muy apasionadamente en una casa rodeada de bosques de encinas centenarias. Dicen que, a veces, incluso subía al techo para observar aquella danza que hacen las ramas de los árboles con el viento; un viento que silba, sopla, sisea y se filtra a través de los tejados.

Allí escribió *Viajes a unos cuantos pueblos* que formó parte del libro *Viajes y flores*, y también *Espejo roto*, *Parecía de seda y otras narraciones* y *Cuánta, cuánta guerra...*

«Volvería a casa a trabajar el campo de claveles con agua que se deslizaba por los canales con el ruido de los trenes por la noche, con el rosal de rosas amarillas que se emparraba hasta el terrado».

Mercè Rodoreda, *Cuanta, cuanta guerra...*

Regreso a Cataluña

Cuando murió el dictador Francisco Franco en 1979, Mercè Rodoreda regresó a Cataluña y se estableció en Romanyà de la Selva, donde ya había pasado algunas temporadas. Es allí donde reposan los restos de la escritora, en un cementerio minúsculo y solitario, bajo un ciprés, cerca de la casa que le había dado la magia de sus últimos años.

Amistades

Desde principios de los años 70, Rodoreda empezó a pasar largas temporadas en Romanyà. Primero en casa de su amiga Carme Manrubia y, finalmente, en su propia casa, construida al lado de la de su amiga. En esa primera etapa, además de la misma Manrubia, compartía la casa con Susana Amat (maestra y pintora) y con Esther Floricurt (escultora). Después de un tiempo, Amat y Floricurt se fueron. Mercè Rodoreda y Carme Manrubia se habían conocido cuando ambas trabajaban para la Generalitat republicana. Se reencuentran cuando vuelven de sus respectivos exilios.

Romanyà de la Selva es, según Rodoreda, el lugar de las puestas de sol y los nacimientos de luna más bonitos del mundo. Decía que el pueblo era como un refugio para ella. Las montañas, siempre verdes, le daban paz y la envolvía una naturaleza hechicera y llena de secretos.

Vivía muy cerca del Dolmen de Romanyà y le encantaba ir a tocar esa piedra milenaria, como si pudiera atrapar, a través del tacto, sus propiedades mágicas.

Decía que habría dado años de vida por encontrar un druida en Romanyà una noche de luna, para que le enseñara el arte de mover las nieblas y adquirir sabiduría. Creía que quedaba alguno, en el corazón de las encinas.

La naturaleza se desplegó, en esta época de su vida, como un lenguaje oculto, misterioso y lleno de presagios. En su casa, llamada «La señal», hoy conocida como «La señal vieja», aún vive y crece el olivo y los tres cipreses.

El dolmen de la cueva de Daina

Es una construcción funeraria del Neolítico, y uno de los monumentos prehistóricos mejor conservados de Cataluña.

Los druidas

Eran sacerdotes en las antiguas culturas celtas, conocidos por su conocimiento de las tradiciones, por su sabiduría y sus poderes sobre la naturaleza. Se creía que eran capaces de adivinar el futuro y de elaborar pociones medicinales.

El jardín de Romanyà

Mercè Rodoreda plantó muchas plantas con flores y arbustos en el jardín. El olivo y los tres cipreses, que todavía están ahí, forman parte de una de sus citas más famosas «Un olivo de tres ramas, signo de paz, señorea en la entrada al lado de tres cipreses, signo de hospitalidad».

En Romanyà, Mercè Rodoreda tenía rosales, ciruelos y hasta un pequeño árbol de Júpiter. A veces le preguntaban si se sentía sola en ese pueblo tan aislado, y a ella le gustaba contestar que estaba acompañadísima, que todo estaba tan lleno de vida que daba miedo y que, además de sus plantas, había urracas y jabalíes.

A pesar de eso, siempre añoraba el Sant Gervasi de su infancia, aquella casa desde donde se veían los jardines vecinos. Sobre todo, el jardín del marqués de Brusi, con árboles gigantes y ruiseñores que cantaban en las noches de verano.

En su novela *Espejo roto* se narra la historia de la familia Valldaura-Farriols que vive en una casa con un jardín que representa la versión idealizada y aumentada de aquel de la Casa Brusi, que se veía desde el ventanal de su casa. Ese lugar era «El jardín de todos los jardines».

Rodoreda había tenido una vida intensa, apasionada y en movimiento permanente. A sus setenta años, reflexionando sobre el amor y los enamoramientos profundos que había vivido a lo largo de la vida, dijo: «Yo, ahora, a mi edad, intento olvidar, quiero a mis flores y a mis árboles. Nada más».

Espejo Roto

Rodoreda terminó de escribir *Espejo roto* en Romanyà de la Selva. Es una historia de auge y decadencia de una familia y de un país, donde uno de los personajes es un fantasma y el jardín evoluciona paralelamente a la familia. Pasa de ser un oasis esplendoroso de moreras, robles, tilos y acacias florecidas a ser un espacio seco y sin pájaros, tan decrépito como los protagonistas de la novela.

La protagonista

1908

Mercè Rodoreda nace en Barcelona. Crece en el barrio de Sant Gervasi de Cassoles, en una torre rodeada de jardín, con sus padres y su abuelo.

1937

Gana el premio Crexells con *Aloma*, la única obra que Rodoreda considera valiosa de su periodo creativo de preguerra. Este reconocimiento la consolida como escritora y constituye un hito en la novelística catalana de la época.

1939

Se exilia en Francia, adonde llega en un bibliobús de la Institució de les Lletres Catalanes. Vive en París, Burdeos y Limoges. Algunos años después, se traslada a Ginebra.

Otros catalanes ilustres

1767 - 1818

Alí Bey
Aventurero, escritor y espía

1815 - 1876

Ildefonso Cerdà
La ciudad del futuro

1893 - 1983

Joan Miró
Un círculo rojo, la luna y una algarroba en el bolsillo

1962

Se publica *La plaza del Diamante*, considerada como un clásico de la literatura catalana. Es la obra más traducida de la autora. La adaptación cinematográfica la dirigió Francesc Betriu y la protagonizó Silvia Munt.

1979

Vuelve del exilio y se establece en Romanyà de la Selva, un pueblo situado en la comarca del Baix Empordà, donde ya había pasado algunas temporadas. Desde aquellos bosques de Les Gavarres, veía media Cataluña: el mar, los Pirineos y el macizo del Montseny.

1983

Rodoreda muere en Girona a los 74 años. Siguiendo su voluntad, fue enterrada en el pequeño cementerio de Romanyà de la Selva, cerca del dolmen de la cueva de Daina y rodeada de cipreses.

1919 - 1998

Joan Brossa
Atrapo una letra
y pongo en pundo del revés

1920 - 2009

Vicente Ferrer
Un sol en la India

1923 - 2009

Alicia de Larrocha
La pianista de manos mágicas

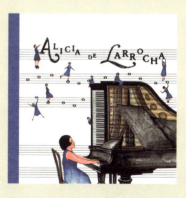